10 DURE VERITA' DELLA VITA

> **La vita è ciò che ti accade mentre stai occupato a fare altri progetti.**

John Lennon

10 DURE VERITA' DELLA VITA

> **"Non è importante quanti colpi ricevi, ma quanti riesci a incassare e continuare a muoverti avanti."**

Rocky Balboa

10 DURE VERITA' DELLA VITA

> **La vita è un'opportunità, coglila al volo.**

Audrey Hepburn

10 DURE VERITA' DELLA VITA

> **La vittoria è riservata a coloro che sono disposti a pagare il prezzo del successo.**

Vince Lombardi

10 DURE VERITA' DELLA VITA

La vera felicità deriva dal dare, non dal ricevere.

Mahatma Gandhi

10 DURE VERITA' DELLA VITA

> "Non si può piantare un seme oggi e aspettarsi di raccogliere i frutti domani."

Warren Buffett

10 DURE VERITA' DELLA VITA

> **L'unico modo per fare un ottimo lavoro è amare ciò che fai.**

Steve Jobs

10 DURE VERITA' DELLA VITA

> **"Il successo non è definito dalle circostanze, ma dalla tua determinazione a superarle."**

Michelle Obama

10 DURE VERITA' DELLA VITA

> **La paura è solo un'illusione; se decidi di affrontarla, scomparirà.**

Marilyn Monroe

10 DURE VERITA' DELLA VITA

> "Non siamo responsabili solo di ciò che facciamo, ma anche di ciò che non facciamo."

Voltaire

10 DURE VERITA' DELLA VITA

> **La vita è 10% ciò che ti accade e 90% come reagisci ad essa.**

Charles R. Swindoll

10 DURE VERITA' DELLA VITA

> **Non importa quanto lentamente vai, purché non ti fermi.**

Confucio

10 DURE VERITA' DELLA VITA

> "Il successo è la somma di piccoli sforzi ripetuti giorno dopo giorno."

Robert Collier

10 DURE VERITA' DELLA VITA

> **La vera grandezza sta nel rialzarsi ogni volta che cadi.**

Nelson Mandela

10 DURE VERITA' DELLA VITA

> **La sfida della vita è superare i nostri limiti mentali.**

Bruce Lee

10 DURE VERITA' DELLA VITA

> **L'unica cosa che sta tra te e il tuo obiettivo è la storia che continui a raccontarti su perché non puoi raggiungerlo.**

Jordan Belfort

10 DURE VERITA' DELLA VITA

> **L'ottimismo è la fede che conduce al risultato; nulla può essere fatto senza speranza.**

Helen Keller

10 DURE VERITA' DELLA VITA

> **La felicità non è qualcosa di pronto all'uso. Viene dalle tue azioni.**

Dalai Lama

10 DURE VERITA' DELLA VITA

> "Le persone di successo e di talento sono state create dai fallimenti, non dai successi."

Henry Ford

10 DURE VERITA' DELLA VITA

> **La vita è breve, e ciò che facciamo oggi ha un impatto nel creare il domani che desideriamo.**

Louise Hay

10 DURE VERITA' DELLA VITA

"Non puoi attraversare il mare semplicemente stando in piedi e fissando l'acqua."

Rabindranath Tagore

10 DURE VERITA' DELLA VITA

> "Se vuoi ottenere qualcosa che non hai mai avuto, devi fare qualcosa che non hai mai fatto."

Thomas Jefferson

10 DURE VERITA' DELLA VITA

> "Il segreto del successo è imparare come usare il dolore e il piacere invece di lasciare che siano loro a usarti."

Tony Robbins

10 DURE VERITA' DELLA VITA

> **Sii il cambiamento che vuoi vedere nel mondo.**

Mahatma Gandhi

10 DURE VERITA' DELLA VITA

> **Il modo migliore per predire il futuro è crearlo.**

Peter Drucker

10 DURE VERITA' DELLA VITA

> **La tua vita migliora solo quando tu migliori.**

Brian Tracy

10 DURE VERITA' DELLA VITA

> **Le sfide sono ciò che rendono la vita interessante e superarle è ciò che dà significato alla vita stessa.**

Joshua J. Marine

10 DURE VERITA' DELLA VITA

> **La perseveranza è la chiave del successo. Se cadi sette volte, rialzati otto.**

Proverbio giapponese

10 DURE VERITA' DELLA VITA

> **Quando hai una visione chiara del tuo obiettivo, non permettere a niente di fermarti.**

Arnold Schwarzenegger

10 DURE VERITA' DELLA VITA

> "Non possiamo diventare ciò che vogliamo essere rimanendo ciò che siamo."

Max DePree

10 DURE VERITA' DELLA VITA

> **Non aspettare l'opportunità. Crea l'opportunità.**

George Bernard Shaw

10 DURE VERITA' DELLA VITA

> **La tua attitudine determina la tua altitudine.**

Zig Ziglar

10 DURE VERITA' DELLA VITA

> **Il fallimento è solo l'opportunità di iniziare di nuovo, in modo più intelligente.**

Henry Ford

10 DURE VERITA' DELLA VITA

> **La vita è una serie di momenti, scegli di fare di ogni momento un'opportunità.**

Oprah Winfrey

10 DURE VERITA' DELLA VITA

> "Non sono le circostanze a determinare l'uomo, ma l'uomo a determinare le circostanze."

Frederick Douglass

10 DURE VERITA' DELLA VITA

> "Il coraggio non è l'assenza di paura, ma la capacità di affrontarla."

Nelson Mandela

10 DURE VERITA' DELLA VITA

> "La crescita personale non è una destinazione, è un viaggio continuo."

Jim Rohn

10 DURE VERITA' DELLA VITA

> **La differenza tra una persona di successo e gli altri non è la mancanza di forza o di conoscenza, ma la volontà di agire.**

Vince Lombardi

10 DURE VERITA' DELLA VITA

"*Le persone vincenti non si fermano di fronte alle avversità; trovano il modo di superarle.*"

Michael Jordan

10 DURE VERITA' DELLA VITA

"*Il segreto del cambiamento è concentrare tutta la tua energia non combattendo il vecchio, ma costruendo il nuovo.*"

Socrate

10 DURE VERITA' DELLA VITA

> **La chiave per il successo è concentrarsi sulle cose che ami e trasformarle nel tuo lavoro.**

Mark Twain

10 DURE VERITA' DELLA VITA

> **Non importa quanto sei bravo, sarai sempre il peggiore se non ci metti impegno.**

Cristiano Ronaldo

10 DURE VERITA' DELLA VITA

> **La perseveranza è la madre del successo.**

Benjamin Disraeli

10 DURE VERITA' DELLA VITA

> **Il futuro appartiene a coloro che credono nella bellezza dei propri sogni.**

Eleanor Roosevelt

10 DURE VERITA' DELLA VITA

> "La disciplina è il ponte tra gli obiettivi e il loro raggiungimento."

Jim Rohn

10 DURE VERITA' DELLA VITA

> "La creatività risiede nell'affrontare i problemi dal punto di vista sbagliato."

Brian Tracy

10 DURE VERITA' DELLA VITA

> "Le persone di successo non si preoccupano di ciò che gli altri stanno facendo; si concentrano solo sul migliorare se stessi."

Bill Gates

10 DURE VERITA' DELLA VITA

> "La paura è solo il pensiero che possiamo fare a meno di qualcosa che abbiamo sempre desiderato, ma che non ci siamo mai dati il permesso di avere."

Elizabeth Gilbert

10 DURE VERITA' DELLA VITA

> **La vera opportunità per il successo risiede nell'abilità di superare i tuoi limiti.**

Malcolm Gladwell

10 DURE VERITA' DELLA VITA

> "Le grandi menti discutono idee; le menti mediocri discutono eventi; le menti piccole discutono persone."

Eleanor Roosevelt

10 DURE VERITA' DELLA VITA

> "L'unica limitazione che hai è quella che hai messo nella tua mente."

Napoleon Hill

10 DURE VERITA' DELLA VITA

> **Non permettere che le opinioni degli altri limitino la tua visione.**

Tony Dungy

10 DURE VERITA' DELLA VITA

> **La gratitudine può trasformare i tuoi giorni ordinari in giorni straordinari.**

William Arthur Ward

10 DURE VERITA' DELLA VITA

> **Il fallimento è solo l'opportunità di iniziare di nuovo, in modo più intelligente.**

Henry Ford

10 DURE VERITA' DELLA VITA

> "La tua mente è il tuo potere più grande. Usala in modo positivo e diventerà la tua arma più forte."

Les Brown

10 DURE VERITA' DELLA VITA

> **La vera vittoria arriva quando superi te stesso.**

Roberto Baggio

10 DURE VERITA' DELLA VITA

> **Il segreto per ottenere iniziative vincenti è iniziare.**

Sally Berger

10 DURE VERITA' DELLA VITA

> **Non aspettare che le condizioni siano perfette per iniziare. Inizia e renderle perfette.**

Alan Cohen

10 DURE VERITA' DELLA VITA

> **Nessun sogno è troppo grande. Nessun sogno è troppo piccolo.**

Oprah Winfrey

10 DURE VERITA' DELLA VITA

> **L'unico modo per fare un buon lavoro è amare ciò che fai.**

Steve Jobs

10 DURE VERITA' DELLA VITA

> **La perseveranza è la chiave segreta del successo.**

Wayne Huizenga

10 DURE VERITA' DELLA VITA

"**Le sfide sono ciò che rendono la vita interessante e superarle è ciò che la rende significativa.**"

Joshua J. Marine

10 DURE VERITA' DELLA VITA

> "Il segreto per ottenere avanti è iniziare."

Mark Twain

10 DURE VERITA' DELLA VITA

> **La saggezza è sapere cosa fare; la virtù è farlo.**

David Starr Jordan

10 DURE VERITA' DELLA VITA

> **Non contano i giorni, conta ciò che fai con essi.**

Maya Angelou

10 DURE VERITA' DELLA VITA

> **I sogni diventano realtà quando mettiamo il coraggio sopra la paura.**

Chris Gardner

10 DURE VERITA' DELLA VITA

> **Non c'è genio senza un briciolo di pazzia.**

Aristotele

10 DURE VERITA' DELLA VITA

> **Fai quello che puoi, con ciò che hai, dove sei.**
>
> Theodore Roosevelt

10 DURE VERITA' DELLA VITA

> **Il successo è un'ossessione. Nessun successo è abbastanza.**

Truman Capote

10 DURE VERITA' DELLA VITA

"**Il successo non è garantito, ma neanche il fallimento.**"

Robert Half

10 DURE VERITA' DELLA VITA

> **Non smettere mai di imparare, perché la vita non smetterà mai di insegnarti.**

Denis Waitley

10 DURE VERITA' DELLA VITA

> **L'unico modo per fare un lavoro straordinario è amare ciò che fai.**

Steve Jobs

10 DURE VERITA' DELLA VITA

> "Se vuoi raggiungere la grandezza, smetti di chiedere il permesso."

Anonymous

10 DURE VERITA' DELLA VITA

> **Il successo è il risultato di attenzione ai dettagli più piccoli.**

John Wooden

10 DURE VERITA' DELLA VITA

> **La tua unica limitazione è te stesso.**

M. Russell Ballard

10 DURE VERITA' DELLA VITA

> **Le sfide sono ciò che rendono la vita interessante e superarle è ciò che dà significato alla vita stessa.**

Joshua J. Marine

10 DURE VERITA' DELLA VITA

"La motivazione è ciò che ti fa iniziare. L'abitudine è ciò che ti fa continuare."

Jim Ryun

10 DURE VERITA' DELLA VITA

"**Per raggiungere il successo, devi essere disposto a mettere in gioco il tuo tempo e metterti in situazioni scomode.**"

Tony Robbins

10 DURE VERITA' DELLA VITA

> "Non c'è mai abbastanza tempo per fare tutto, ma c'è sempre abbastanza tempo per fare le cose importanti."

Brian Tracy

10 DURE VERITA' DELLA VITA

> **Il successo è la somma di piccoli sforzi ripetuti giorno dopo giorno.**

Robert Collier

10 DURE VERITA' DELLA VITA

> **Non importa quanto sia buono o quanto sia bravo, qualcuno sarà sempre migliore. Non smettere mai di imparare.**

Tiger Woods

10 DURE VERITA' DELLA VITA

> **Il vero segreto del successo è l'entusiasmo.**

Walter Chrysler

10 DURE VERITA' DELLA VITA

> **Non aspettare per le circostanze ideali, crea le tue circostanze ideali.**

George Bernard Shaw

10 DURE VERITA' DELLA VITA

> **La vita è un'opportunità, coglila al volo.**

Mario Benedetti

10 DURE VERITA' DELLA VITA

> "Il successo non è la chiave della felicità. La felicità è la chiave del successo. Se ami ciò che fai, avrai successo."

Albert Schweitzer

10 DURE VERITA' DELLA VITA

"La tua unica limitazione è la tua mente."

Jamie Paolinetti

10 DURE VERITA' DELLA VITA

> **Il successo è una progressione continua, non una destinazione finale.**

Zig Ziglar

10 DURE VERITA' DELLA VITA

"Ogni giorno è una nuova opportunità. Puoi costruire sulle delusioni del giorno precedente o metterti nuovi obiettivi. Non è mai troppo tardi per cambiare."

Jim Rohn

10 DURE VERITA' DELLA VITA

> **L'immaginazione è più importante della conoscenza.**

Albert Einstein

10 DURE VERITA' DELLA VITA

> **Il segreto della felicità è trovare la gioia nelle piccole cose della vita.**

Billy Cox

10 DURE VERITA' DELLA VITA

> **Il segreto del cambiamento è concentrarsi su ciò che vuoi costruire, non su ciò che vuoi distruggere.**

Dan Millman

10 DURE VERITA' DELLA VITA

> **Se vuoi qualcosa che non hai mai avuto, devi fare qualcosa che non hai mai fatto.**

Thomas Jefferson

10 DURE VERITA' DELLA VITA

> **L'unico posto in cui il successo viene prima del lavoro è nel dizionario.**

Vidal Sassoon

10 DURE VERITA' DELLA VITA

> **Il successo non è definito da quanto sai, ma da ciò che fai con ciò che sai.**

Tony Robbins

10 DURE VERITA' DELLA VITA

> "L'unico modo per fare un ottimo lavoro è amare ciò che fai."

Steve Jobs

10 DURE VERITA' DELLA VITA

> "La forza non viene dai vincitori. La tua lotta sviluppa la tua forza."

Arnold Schwarzenegger

10 DURE VERITA' DELLA VITA

> **Il fallimento è l'opportunità di iniziare di nuovo, in modo più intelligente.**

Henry Ford

10 DURE VERITA' DELLA VITA

> **Non importa quanto sei bravo, puoi sempre fare meglio.**

Tiger Woods

10 DURE VERITA' DELLA VITA

> **Per avere successo, il tuo desiderio di raggiungerlo deve essere più grande della tua paura di fallire.**

Bill Cosby

10 DURE VERITA' DELLA VITA

"**La perseveranza è la decisione di provare ancora e ancora, nonostante gli ostacoli e le difficoltà.**"

Catherine Pulsifer

Printed by Amazon Italia Logistica S.r.l.
Torrazza Piemonte (TO), Italy